AF454640

46
3.32.

1604.

LA CAUSETTE

ENTRE Mme PINCÉE ET M. FINALE,

SUR LA LÉGITIMATION DES PAIRS ET DES REPRÉSENTANS
DU PEUPLE.

Un faible rayon de lumière dissipe souvent les
plus épaisses ténèbres. VANP.

PAR UN ÉLECTEUR REPRÉSENTANT.

Prix, 30 centimes.

PARIS,

Librairie de A. G. DEBRAY, rue Saint-Nicaise, n°. 1;
et chez tous les Marchands de nouveautés.

1815.

Imprimerie de RENAUDIERE, rue des Prouvaires,
n°. 16.

LA CAUSETTE

ENTRE Mme PINCÉE ET M. FINALE,

SUR LA LÉGITIMATION DES PAIRS ET DES REPRÉSENTANS DU PEUPLE.

MAD. PINCÉE. Permettez, Monsieur, que je vous demande pourquoi l'on vous appelle docteur, puisque vous n'êtes pas médecin?

M. Finale. Avant la révolution, j'étais docteur en droit canon.

Mad. P. Est-ce qu'on appelait ainsi les colonels des canonniers?

M. F. Non, Madame; alors il ne s'agissait point de ces canons qui troublent l'univers depuis la malheureuse invention de Shwartz (1), mais du réglement des droits des ecclésiastiques, relativement à leurs bénéfices. Tout cela a disparu. Les prêtres sont tout bonnement salariés par le gouvernement. Ils n'ont plus de titres à faire valoir. Bonaparte s'est rendu le grand maître des canons de l'église et des batailles.

Mad. P. Puisque vous êtes docteur, je vous prie, Monsieur, de m'expliquer pourquoi l'on dit et l'on écrit : *La nomination des députés qui sont attendus au Champ-de-Mai, n'est pas canonique.*

---

(1) Moine à Cologne, qui inventa la poudre à canon.

M. F. Le mot canonique veut dire qu'une chose est faite conformément aux règles prescrites. En parlant d'un mariage, par exemple, on dit : ce mariage est canonique, c'est-à-dire qu'il a été contracté du consentement libre des parties, de l'aveu de leur père et mère ou autres parens ; que les bans ont été affichés et publiés pendant le temps voulu par la loi ; qu'il y a eu un contrat ; que les époux se sont promis une fidélité inviolable devant le maire ou l'officier civil ; que leur union a été bénie par le ministre de leur culte. L'enfant qui naît de ce mariage est légitime et canonique.

Il n'en est pas de même de la nomination des députés, *ce sont des enfans faits dans l'espérance du mariage.*

(Mad. P. regardant M. F. avec un air tant soit peu fâché.)

Voudriez-vous, M. Finale, jeter une pierre dans mon jardin ? Mais sachez, Monsieur, que mon petit Simon fut placé entre mon mari et moi, lorsque le maire de ma commune nous couvrit de son écharpe, et notre curé de son étole.

M. F. Pardon, Madame ; je n'ai point entendu faire allusion à la naissance de M. Simon ; c'est un enfant de l'amour, il sera heureux. Aussi ai-je bon augure de nos députés.

Mad. P. Comment les rendrait-on canoniques ?

M. F. Quand les époux ont dit oui, devant le maire ; quand ce magistrat les a déclarés époux, le mariage est canonique. De même, quand les électeurs auront dépouillé le scrutin et annoncé que le résultat des oui surpasse celui des NON, ils rempliront les fonctions de maire entre la NATION et l'EMPEREUR ; ils placeront les députés entre ces futurs époux, déclareront la constitution acceptée et les députés reconnus. Alors leur nomination aura un caractère canonique.

Mad. P. Ces mariages - là prêtent toujours à jaser. Vraiment j'avais pris pour un quolibet votre comparaison. *C'est un enfant fait dans l'espérance du mariage.*

M. F. Eh ! Madame, c'est vous-même qui me l'avez appris.

Mad. P. Et vous m'apprenez, Monsieur , qu'il n'est point prudent de s'appliquer des comparaisons. Elles ne sont faites que pour mieux se faire comprendre. Mais comment m'expliquerez-vous la canonicité des pairs ?

M. F. Ou l'Empereur les nommera avant le Champ-de-Mai , ou postérieurement.

Dans la première hypothèse , ils seront réunis aux députés , et leur légitimité sera reconnue en même temps.

Dans la seconde hypothèse , ils naîtront après le mariage , et leur légitimité sera incontestable.

Mad. P. Suivant votre seconde hypothèse , n'étant pas les enfans de l'amour , ils pourraient peut-être n'être pas aussi heureux que leurs frères les députés?

M. F. Le contrat de mariage les déclare héritiers nés , et leur donne la volée du chapon.

Mad. P. Quoi ! ils rappelleront ces droits féodaux , dont la perte fait tant et tant soupirer les nobles ; quand , pour leur anéantissement , les vilains ont si largement versé leur sang !

M. F. Non, Madame, le titre accordé aux pairs n'est point un de ces héritages de famille , réservé *par préciput et hors part* , à l'aîné des enfans mâles ; c'est tout simplement la transmission d'une dignité pour faire approcher de plus près le trône par les fils aînés des citoyens que le chef de la nation veut récompenser des services rendus à la patrie.

Mad. P. Dès que ce sont des citoyens, je me tais. Mon grand père, qui était baron allemand, m'a si fort brimbalé l'imagination par ses trente-deux quartiers de noblesse, que je me suis décidée, quand j'ai été ma maîtresse, à épouser un *manant*, nonobstant et malgré tout le dédain que mes bons aïeux cherchaient à m'inspirér sur cette *espèce*. Oui, *espèce*, *vilain*, *canaille*, *manant*, *chair de chien*, étaient les termes favoris de ces hauts et puissans seigneurs, qui souvent empruntaient leur pain. Ma bisaïeule, la baronne de Maigre - Chère, me racontait jusqu'à satiété, que la cause des vapeurs qui l'ont tourmentée depuis l'âge de vingt-un ans, était d'avoir été forcée, à défaut de lit, de partager pendant trois nuits, celui d'une femme qui n'avait pas été *présentée*.

Aussi, dans mon ménage, je ne parle jamais de mes grands parens. Ils sont morts. Dieu les regarde en paix.

M. F. Ainsi soit-il.

Mad. P. Il me semble qu'il n'est pas convenant, dans la constitution, d'appeler PAIRS des hommes qu'elle cherche à distinguer des autres ? N'aurait-il pas été possible de trouver une dénomination plus analogue au rang qui leur est destiné ?

M. F. J'ai fait la même réflexion. Bonaparte avait d'abord dit : *les pairs rappellent une institution qui n'est plus en harmonie avec les principes libéraux du siècle.* Pourquoi donc s'attacher à cette expression ? Elle rappelle des souvenirs inquiétans sur l'égalité des droits entre les citoyens ; elle fait craindre des priviléges qu'on ne souffrirait pas.

Je crois avoir trouvé un terme qui exprimerait mieux

le but de l'établissement, celui d'ABORIGÈNES ou de AUC-
TOCTHONES. Ces mots, qui nous rapprocheraient des anciens magistrats de la Grèce, désignent les premiers habitans d'un pays, par opposition à ceux qui sont venus s'y
établir.

En France, il y a dans toutes les classes de la société,
d'antiques souches de propriétaires. C'est parmi eux qu'il
faudrait choisir les membres de cette première chambre,
que la constitution sent la nécessité d'établir, afin de
conserver les principes de liberté de nos vieux pères les
Gaulois. Le nom d'Aborigènes nous ferait oublier ces
mots, *pairs*, *sénateurs*, dont les expressions ont été tant
avilies, qu'elles nous paraissent plus que gothiques,
pour ne pas dire barbares.

Mad. P. Le mot *Aborigènes* inspirerait du respect. On
aime toujours à contempler les anciens d'un pays. Leur
postérité est couverte d'une espèce de considération, parce
qu'on vénère en général ce qui remonte à plusieurs siè-
cles, ce qui n'est pas l'ouvrage du caprice, expression
qui, dans mon sens, peut être synonyme de faveur.

Je présume même que, par ce moyen, l'hérédité ne
déplairait pas autant.

M. F. Le mot *héréditaire* offusque en effet plus que la
chose. On rattache à ce mot l'idée de la noblesse ; mais
qu'est-ce que la noblesse ? Une prévention purement mé-
taphysique, quand les nobles ne jouissent d'aucun priviléges Je me rappelle qu'un chirurgien de village s'ima-
ginant que le sang de la dame de sa paroisse devait avoir
quelque chose de plus pur que celui de sa femme, tout-
à-fait paysanne, eut occasion de les saigner l'une et l'autre,
à la même époque, pour les soulager dans leur gros-
sesse. Le résultat de son examen et de son analyse fut
d'apercevoir sur la couenne du sang de la dame la brillante scintillation du mercure ; le sang de la bonne mé-
nagère avait le vermeil de ses joues.

(6)

Mad. P. Oh ! les nobles seront bientôt comme les dieux de la fable ; on n'y croit déjà plus.

Mais, M. F., voudriez-vous que la nomination des Aborigènes appartînt exclusivement à l'Empereur ?

M. F. Pas tout-à-fait. La première nomination devrait être faite par liste triple ou quintuple, par les électeurs de chaque département, suivant la population. Il est naturel que ce premier choix soit l'ouvrage des électeurs, parce qu'ils auraient, pour cette élection, la notoriété du pays sur les plus anciens habitans. Sur trois présentés, l'Empereur en choisirait un. Il me paraît, dans les convenances, de donner au chef du gouvernement la faculté de choisir ceux sur lesquels il fonde l'appui de son trône. De trois à cinq par département, on formerait un nombre à-peu-près de trois cents ; ce nombre me paraît suffisant.

Si le contingent n'était pas rempli par le mode des listes, l'Empereur le compléterait : il importe que le premier représentant du souverain ait la faculté de s'associer des hommes qui ont bien mérité de la patrie.

Ce premier choix une fois fait, la chambre des Aborigènes devrait avoir le droit de choisir, à la majorité des voix, les remplaçans des coassociés dont elle pleurerait la perte.

Cependant, comme le chef de l'état doit jouir d'une grande prérogative dans cette chambre, je trouverais à propos que si, par décès, il y avait plus d'un membre à élire par an, l'Empereur eût le droit de remplacer les autres décédés.

Mad. P. Bien, très-bien, M. Finale ! Parlons maintenant de l'âge de nos représentans. Pourquoi cette distinction entre les Aborigènes et les députés ? Il me semble qu'aucun membre de nos deux chambres ne devrait s'y asseoir avant trente ans. Redoutons toujours la fougue de la jeunésse. En amour et au combat, cette fougue est admirable ; mais quand il s'agit des destinées d'un état, vraiment il faut des têtes qui commencent à mûrir.

Puis ce président pour cinq ans ne me convient guères ; c'est vouloir le *ministérialiser*, si je puis donner de la vogue à ce verbe néologique.

M. F. Vraiment, Mad. P., votre mot fera fortune ; c'est parler à la *Staël.*

Mad. P. Passons sur les complimens.... J'aime Napoléon, parce qu'il est étonnant ; aussi suis-je trés-pénée de voir la divergence des opinions relativement à son acte additionnel ; l'apparition de cet acte a fait, sur les vrais amis de l'Empereur, l'effet de la tête de Méduse sur les Orcadiens.

Chacun se dit : Il sera toujours le même, dominateur par caractère.

M. F. L'acte additionnel me semble à moi un essai lancé pour animer la discussion ; Bonaparte profitera des débats, il s'empressera de répondre au vœu général qui se manifeste partout pour l'amélioration d'un pacte social qu'il a intérêt de faire avec le peuple français pour leur gouverno réciproque.

Mad. P. Dieu nous en fasse la grâce ! il serait enfin temps de régler notre sort d'une manière positive et durable, car on est bien las des variantes de nos constitutions. Une constitution est un acte de société en commandite : le peuple fournit les fonds, le chef de l'état les fait valoir ; les commanditaires ont donc le droit de déterminer le mode d'agir de leur partenaire, quand ils lui confient tout leur avoir.

M. F. Les ministres doivent être les garans de l'inviolabilité que la société accorde au chef de l'état : l'article de l'acte additionnel sur cet objet me paraît susceptible de quelques développemens qui pourront rassurer la nation sur les mesures à observer entre les contractans. Laissons arriver les électeurs.

Mad. P. Croyez-vous, M. Finale, qu'ils pourront faire des réclamations. Le dépouillement des registres des votes est cependant l'unique objet de leur mission.

M. F. Madame, j'aime à espérer qu'ils sentiront toute l'importance de leur réunion. N'importe quelle soit la formule donnée pour rassembler les représentans d'une nation ; quand leur réunion est faite, le salut de la patrie constitue leurs droits. Les règles sont dictées par les commettans à leurs délégués ; mais les commettans sont au-dessus des règles. Le peuple est le vrai souverain ; il ne peut agir en masse, parce qu'il est trop dispersé ; il serait presque impossible de le concentrer dans un même espace ; il faudrait la vallée de Josaphat ; mais il agit par ses représentans notoirement investis de ses pouvoirs. Ceux donnés à Napoléon sont relatifs à ceux des électeurs, tous sont nommés pour régulariser l'existence politique de la nation. Quand elle a élu Napoléon et les électeurs, elle n'a pas dit à l'un, vous ferez ce qu'il vous plaira, et aux autres, vous souscrirez une obéissance passive ; elle a dit à tous, conférez, discutez vos propositions respectives ; le résultat doit assurer un ordre immuable qui nous sauve tous du péril imminent où nous nous trouvons.

Mad. P. Cela me paraît résulter de la maxime rappelée par Napoléon : *les peuples ne sont pas faits pour les trônes, mais les trônes sont faits pour les peuples.* J'entrevois que cette maxime deviendra aussi salutaire aux nations que l'est devenue la découverte de la vaccine.

M. F. L'Egyptien Nemrob est le fondateur des royautés : l'Ecriture sainte le peint par cette phrase : IPSE

(9)

CÆPIT ESSE POTENS IN TERRA , *c'est lui qui commença à être puissant sur la terre*. Le désir de régner gagna aussi rapidement que la petite vérole, qui nous vint de l'Amérique : elle aurait fini par dégrader l'espèce humaine ; heureusement l'anglais *Jenner* a découvert la vaccine, et la lèpre variolique ne laisse plus ses affreuses traces sur la figure humaine. Bonaparte sera le *Jenner* de la liberté ; il instruira les peuples à se constituer de manière qu'à l'avenir un roi soit un père, non un despote ; il ramènera ce bon temps où les chefs des états étaient de vrais patriarches entièrement occupés du bonheur de leur famille.

Mad. P. Y pensez-vous, M. Finale ? Comment, vous pourriez croire que le germe d'élection des rois s'inoculera dans les nations.

M. F. Je le crois, madame, les peuples connaîtront leurs droits. *Le rayon le plus léger de lumière dissipe les plus épaisses ténèbres.* Le soleil de la philosophie s'est élevé majestueusement sur l'horizon des Français ; les yeux de tous les peuples cherchent ou s'habituent à le fixer ; tous voudront sentir la bienfaisance de sa chaleur et profiter de sa lumière.

Mad. P. Votre télescope, M. Finale, doit vous laisser apercevoir cet objet dans un bien grand lointain.

M. F. Madame, ce qui s'est passé au commencement de ce siècle, et ce qui va se passer, forment pour moi un microscope qui grossit singulièrement des objets qu'il était bien difficile d'apercevoir auparavant.

Depuis un siècle, le commerce et les guerres, le goût des arts et l'agrandissement des besoins qui en sont la suite, ont rendu les hommes curieux et voyageurs. Les nations se sont brassées, si je puis me servir de ce terme pour exprimer la rapidité, la multiplicité de leurs communications ; le jeu des ressorts politiques a été découvert, et l'art du machiniste a cessé d'être la pierre philosophale.

Mad. P. Vous me dessillez les yeux, M. Finale ; je commence à entrevoir qu'un royaume n'est pas une propriété *héréditaire et légitime*, et qu'il n'en est point des fils de rois comme des enfans des particuliers.

Mon cher Simon me succédera, je l'espère, dans ma terre de Lampesèche ; s'il me prédécède, ce dont Dieu me préserve, mon neveu Jude sera mon héritier de droit.

Je m'étais persuadée jusqu'à présent qu'il devait en être de même des neveux de Loùis XVIII pour le royaume de France ; car je n'avais point cherché à appprofondir la légitimité de ce roi, malheureux par trop de confiance.

M. F. Je le plains comme vous, madame. Son exemple est une leçon bien frappante pour les chefs des nations ; ils ne doivent point être les chefs d'une coterie, comme Loùis XVIII l'a été de la coterie des émigrés, mais les pères du peuple.

Les rois ne sont propriétaires d'un état qu'autant qu'ils ont conquis cet état par les armes, et que le peuple qui habite et laboure cet état, veut bien rester attaché à la glèbe. Le maître d'un tel état transmet à ses enfans son droit de vainqueur, de propriétaire, enfin du plus fort ; alors le peuple soumis et esclave est obligé d'obéir.

Mais un peuple qui élit son roi et se donne un chef, est libre de le conserver ou de changer de mandataire, comme un particulier a la faculté de changer d'avoué, d'avocat, de notaire, quelque longue qu'ait été sa confiance, à moins que, par la même élection, il ait déclaré son fils aîné héréditaire.

Mad. P. Cette explication concerne Bonaparte, mais ne parait point pouvoir s'appliquer aux Bourbons.

Je me rappelle très-bien quand Napoléon fut nommé consul et se fit ensuite élire empereur. Cette nomination et cette élection ne me parurent pas bien canoniques ; l'assentiment du peuple a couvert les vices de forme et ratifié le pacte.

Mais Napoléon ayant abdiqué, et les Bourbons ayant repris possession, le royaume me semblait devoir leur appartenir.

M. F. C'est toujours par l'histoire qu'on apprend les faits, et c'est du fait que naît le droit.

Quand la postérité parcourra nos annales depuis le fameux 18 brumaire de l'an VIII (1792) jusqu'à l'étonnant 20 mars 1815, elle aura de la peine à concevoir comment les Français ont pu commettre tant et tant d'irrégularités dans les actes de leurs droits politiques ; mais, comme vous l'avez très-bien observé, Madame, le temps légitime tout, en ce qui concerne la politique d'un peuple, puisqu'il est le maître de régler sa position, comme il le veut, dans sa souveraineté, expressément ou tacitement déclarée.

Les nations sont au-dessus de la règle de droit qui dit : ce qui est vicieux dans le principe, ne peut pas devenir valable par le laps de temps. La possession annale ou perpétuelle, la prescription, ces conservateurs nés des propriétés des particuliers, ne sont point admises en droit public.

Supposons même que ces principes fussent reçus pour décider la question entre le comte de Lille et Bonaparte, la cause des Bourbons ne paraîtrait pas la meilleure à soutenir.

Tous les historiens s'accordent à considérer comme un usurpateur cet *Hugues*, appelé *Capet*, soit à cause de sa grosse tête, soit à cause de sa prudence. Il s'empara du trône des Français l'an 987 de notre ère. Les Bourbons forment la quatrième branche collatérale de cet usurpateur. Pour se convaincre du vice de sa possesssion, il suffit de rappeler la réponse que fit Audebert, comte de la Manche, fils de Boson Ier., à Hugues, lorsque celui-ci fit demander à Audebert, *qui l'avait fait comte?* Audebert répondit : *Ceux-là même qui vous ont fait roi, vous et votre fils Robert.*

Cette réponse, qui resta sans réplique, loin de porter à croire que Capet se soit emparé du trône par droit de conquête ou par droit de naissance, prouve évidemment que c'était au plus par droit d'éligibilité.

En effet, Hugues étant, à l'époque de l'établissement des pairs, un des plus puissans, ses collègues le choisirent pour roi, par considération pour sa valeur et sa politique.

Le président Hénaut, en parlant de ce prince, dit qu'il déclara à ceux qui lui inspiraient des desseins de vengeance, « que ce n'était pas au roi de France à venger les inimitiés des comtes de Paris et d'Anjou. »

Louis XVIII a-t-il pensé ainsi, lorsqu'il s'est couvert de la couronne des lys ?

Il n'a cessé d'être le comte de Lille ; son frère, ses neveux et sa nièce n'ont-ils pas même exaspéré son cœur ?

Quel a été leur politique ? et quel courage ont-ils montré, ainsi que leurs partisans ?

Ils n'ont pas seulement eu l'adresse de gagner la possession annale d'un royaume qu'ils avaient convoité avant 1789.

Ne parlons plus des absens. Ils ont abandonné leur droit, Napoléon a repris le sien ; formons des vœux pour qu'il le conserve par la prescription ; que son fils devienne digne de succéder à un père qui mérite qu'on lui applique ces deux vers faits pour peindre le règne du premier Capet :

Si je donne à la France une race nouvelle,
Roi nouveau, je la rends plus brillante et plus belle.

BIBLIOTHÈQUE ROYALE

www.ingramcontent.com/pod-product-compliance
Lightning Source LLC
LaVergne TN
LVHW011927170726
843501LV00011BA/4248